Danny Michelsen

Vom Rand zur Mitte?

Der Einzug der NPD in den Landtag von Mecklenburg-Vorpommern 2006 aus der Perspektive von organisatorischer Strukturierung und Wählertypologie

GRIN Verlag

Bibliografische Information der Deutschen Nationalbibliothek:

Die Deutsche Bibliothek verzeichnet diese Publikation in der Deutschen National-
bibliografie; detaillierte bibliografische Daten sind im Internet über http://dnb.d-
nb.de/ abrufbar.

Impressum:

Copyright © 2009 GRIN Verlag GmbH
Druck und Bindung: Books on Demand GmbH, Norderstedt Germany
ISBN: 978-3-640-40675-3

Dieses Buch bei GRIN:

http://www.grin.com/de/e-book/127030/vom-rand-zur-mitte

GRIN - Your knowledge has value

Der GRIN Verlag publiziert seit 1998 wissenschaftliche Arbeiten von Studenten, Hochschullehrern und anderen Akademikern als eBook und gedrucktes Buch. Die Verlagswebsite www.grin.com ist die ideale Plattform zur Veröffentlichung von Hausarbeiten, Abschlussarbeiten, wissenschaftlichen Aufsätzen, Dissertationen und Fachbüchern.

Besuchen Sie uns im Internet:

http://www.grin.com/

http://www.facebook.com/grincom

http://www.twitter.com/grin_com

Georg-August-Universität Göttingen

Seminar für Politikwissenschaft

Proseminar „Einführung in die Parteienforschung"

WS 2008/09

Vom Rand zur Mitte?

-

Der Einzug der NPD in den Landtag von Mecklenburg-Vorpommern 2006 aus der Perspektive von organisatorischer Strukturierung und Wählertypologie

Danny Michelsen

BA Politikwissenschaft/Germanistik

1. Fachsemester

Gliederung

Einleitung

Am 17. September 2006 gelang einer rechtsextremen Partei zum ersten Mal in der Geschichte Mecklenburg-Vorpommerns der Einzug in den Schweriner Landtag.[1] Wenn auch die Analyse der NPD als einer „in vielen Teilen Mecklenburg-Vorpommerns weiterhin [...] virtuelle[n] Partei"[2] mit Sicherheit zutreffend ist, so ist es ihr doch gelungen, zumindest in Ostvorpommern und Westmecklenburg ein vergleichsweise dichtes Netzwerk von Parteifunktionären und freien Kräften zu etablieren, sodass weder die enorme Mobilisierungskampagne im Wahlkampf noch der anschließende Erfolg für aufmerksame Beobachter der rechtextremen Szene überraschend eintrafen. Aus Sicht der Wahlforschung hingegen musste das Ergebnis von 7,3 Prozent der Zweitstimmen ein Problem darstellen, da die Nationaldemokraten bei keiner vorangegangenen Landtagswahl ein besseres Resultat als 1,1 Prozent erzielen konnten.[3] Im Vergleich mit allen anderen zur Wahl angetretenen Parteien verzeichnete die NPD den höchsten Zweitstimmenzuwachs in Bezug auf die Landtagswahl 2002. Wie erklärt sich diese überproportionale Divergenz? Was hat die Partei unternommen, um in zunehmendem Maße „nicht nur für Protestwähler attraktiv"[4] zu sein, sondern vielmehr eine latente Ebene von „Überzeugungstätern"[5] zu erschließen?

In dieser Arbeit widme ich mich der Frage nach internen und externen Faktoren aus der Perspektive der NPD und ihrer Wählerschaft, die den Wahlerfolg lang- und kurzfristig begünstigten. Dazu liegen dem ersten Teil, im Rahmen einer Darstellung der ideologischen und internen Strukturierung der Nationaldemokraten, die wichtigsten Maßnahmen der NPD in Ausrichtung auf die Landtagswahl 2006 zugrunde. Im zweiten Teil werde ich mich bemühen, ausgehend vom Interaktionsmodell Jürgen Falters, eine möglichst konkrete Typologie der NPD-Wählerschaft in Mecklenburg-Vorpommern auf der Grundlage von zwei der wichtigsten Erklärungsmodelle rechtextremer Wahlentscheidungen – der Theorie realistischer Gruppenkonflikte und relativer Deprivation – zu entwerfen.

---

1 Diese Arbeit folgt der Definition des Phänomens Rechtextremismus von Uwe Backes und Eckhard Jesse als „eine[r] antiindividualistischen, das demokratische Grundaxiom menschlicher Fundamentalgleichheit negierende Abwehrhaltung gegen [...] den demokratischen Verfassungsstaat." (Backes/Jesse 1996, S. 53) Nach Mudde wird die NPD als rechtsextreme, also „die 'freiheitlich-demokratische Grundordnung' komplett [zu] beseitigen" trachtende Partei klassifiziert. (vgl. Mudde 2008, S. 12)
2 Hubertus Buchstein, zitiert nach: Geisler 2006
3 Vgl. Statistisches Amt Mecklenburg-Vorpommern 2002, S. 22f.: Danach kamen die Nationaldemokraten lediglich bei den Landtagswahlen 1998 in den Genuss einer Wahlkampfkostenrückerstattung. Bei der Landtagswahl 2002 fielen sie noch einmal zurück auf ein Ergebnis von 0,8 Prozent der abgegebenen Zweitstimmen.
4 Finger 2006
5 Gillmann 2006

1. Der Wahlerfolg aus der Perspektive der organisatorischen Strukturierung

Im Folgenden werden mir die von Richard Stöss definierten „Erfolgsbedingungen des organisierten Rechtsextremismus"[6] zur Analyse des Wahlerfolges dienlich sein. Nach Stöss seien neben politischer Kompetenz und Glaubwürdigkeit sowie innerer Geschlossenheit der Partei sowohl „attraktive programmatische Alternativen" als auch populäre Führungspersonen und eine hinreichende Medienpräsenz notwendige Bedingungen für einen Wahlerfolg rechtsextremer Parteien.

1.1 „Sozial geht nur national": ideologische Strukturierung

1.1.1 Das „Aktionsprogramm"

Die im „Aktionsprogramm zur Landtagswahl 2006" vom NPD-Landesverband aufgeführten Themenspektren entsprechen im Wesentlichen denen des 1997 verabschiedeten Parteiprogramms des Bundesverbandes. Danach reichen die Themen von materialistischen Politikfeldern wie „Arbeits- und Strukturpolitik" bis hin zur eher postmaterialistisch konnotierten „Kulturpolitik". Jedoch ist auffällig, dass die Landespartei ihre Forderungen viel stärker an sozialpolitischen Postulaten – zuungunsten des vom Bundesprogramm stark akzentuierten Geschichtsrevisionismus[7] – ausrichtet, was offensichtlich der sozioökonomisch schwierigen Lage des Bundeslandes und somit den überwiegend materiellen Prämissen der Wählerschaft geschuldet ist.

In ihren gesundheits- und sozialpolitischen Leitlinien fordert die NPD neben der Sicherstellung einer ausreichenden medizinischen Infrastruktur im ländlichen Raum die Abschaffung der Praxisgebühr, eines Teils der rot-grünen Gesundheitsreform aus dem Jahr 2003, welcher der NPD vielfach als Symbol einer „historisch einmaligen Steuer- und Abgabenlast"[8] diente, gegen die sie mit plakativen Wahlkampfslogans wie „Hartz IV, Praxisgebühr, Mehrwertsteuer – jetzt reicht's!"[9] polemisierte. Eine Wahl der NPD wurde so direkt mit einer Protesthaltung gegenüber der Sozialpolitik der rot-grünen bzw. der Großen Koalition gleichgesetzt. Jegliche auf die Modifizierung des Sozialversicherungssystems ausgerichteten Maßnahmen seien per se als „Sozialabbau" zu interpretieren: „[...] alle Reformversuche der letzten Jahre sind gescheitert.

---

6 Vgl. Stöss 2005, S. 56f.
7 Der Forderung nach einer „Revision der nach dem Krieg geschlossenen Grenzanerkennungsverträge" (NPD-Bundesvorstand 2004, S. 13) wird im Aktionsprogramm kein eigenes Kapitel eingeräumt. Vielmehr arbeitet die NPD mit suggestiven Mitteln: so wird, ohne eine Begründung anzuführen, durchgehend die Bezeichnung „Mecklenburg und Pommern" gewählt (vgl. z.B. NPD-Landesverband M-V 2006a, S. 4).
8 NPD-Landesverband M-V 2006a, S. 6
9 NPD-Landesverband M-V 2006e

Tatsächlich sind alle 'Reformen' nur Sparprogramme zu Lasten der Bürger."[10] Mit der primären Ausrichtung auf bundespolitisch relevante Policy-Felder (Sozialpolitik, Asylrecht) bemühte sich die NPD darum, insbesondere gegen die unter Rot-Grün verabschiedete Agenda 2010 zu polarisieren. In ihrer Ablehnung „jede[r] Privatisierung öffentlichen Eigentums" als „Diebstahl von Volkseigentum"[11] manifestiert sich die antikaptialistisch-globalisierungskritische Abwehrhaltung der NPD gegen das „internationale Börsenkapital"[12].

Diese sozial-ökonomisch motivierte Globalisierungskritik wird von einer ethnopluralistisch-wohlstandschauvinistischen Ebene ergänzt. Unter dem Titelschema „Ausländer" subsumiert die NPD eine Reihe von Forderungen, die einer „inländerfeindlichen 'Integrationspolitik'"[13] entgegenwirken sollen: dazu zählen ein mit sofortiger Wirkung zu realisierender „Ausländerstopp" (die Ausgliederung erwerbsloser „Ausländer" aus der Arbeitslosenversicherung) ebenso wie die Aufkündigung des Schengener Abkommens zur Abwehr einer „Invasion ausländischer Billigarbeiter".[14] Solcherlei populistische Ressentiments, die „die 'soziale Frage' mit einer ausländerfeindlichen Note verbinde[n] und auf diese Weise einen anschaulichen Sündenbock für die zahlreichen Probleme moderner Gesellschaften"[15] konstruieren, versucht die NPD mittels einer für die Bewegung der *Nouvelle Droite* üblichen Wendung, der kulturellen Identität, zu relativieren. Die Partei begreife sich nicht als „ausländerfeindlich"; jedoch seien „soziale, kulturelle und religiöse Spannungen" mit fortdauernder Zuwanderung unvermeidlich, weshalb eine isolationistische Integrationspolitik „durch Gleichberechtigung und Selbstbestimmung" erstrebenswert sei.[16] Insofern steht die Wahlkampfparole „Touristen willkommen. Asylbetrüger raus!"[17] paradigmatisch für den Ethnopluralismus der NPD.

1.1.2 Wahltaktische Präferenzen

Sowohl die Gestaltung der Werbematerialien als auch das Auftreten nationaldemokratischer Akitivisten im Wahlkampf waren von einem aggressiv systemfeindlichen Grundton geprägt. So wurden die im Landtag vertretenen Parteien als „volksfeindliche Multi-Kulti-Fanatiker"[18] gegeißelt, deren Abgeordnete als „aalglatte Berufslügner"[19] verschmäht, die das Land ruiniert und

---

10 NPD-Landesverband M-V 2006a, S. 3
11 Ebd., S. 5
12 Ebd., S. 7, zur rechtsextremen Globalisierungskritik vgl. ebenso Stöss 2004, S. 89ff.
13 NPD-Landesverband M-V 2006a, S. 10
14 Ebd., S. 11f.
15 Brodkorb 2008, S. 189
16 NPD-Landesverband M-V 2006a, S. 10
17 NPD-Landesverband M-V 2006d
18 NPD-Landesverband M-V 2006a, S. 11
19 NPD-Landesverband M-V 2006b, S. 1

„sich den Staat zur Beute gemacht"[20] hätten. Indem die NPD sich antithetisch außerhalb der „etablierten Parteien" positioniert und gleichzeitig den Disput über „Systemalternativen"[21] zur parlamentarischen Demokratie einfordert, verleiht sie ihren Kernthesen einen kämpferisch-revolutionären Akzent, der (als Indiz einer „Formierung des Protests von rechts als soziale[r] Bewegung"[22]) nicht zuletzt zur Motivierung der parteiexternen personalen Ressourcen (Kameradschaften) beitrug.

Mit ihrer leicht verständlichen Polemik bemühten sich die Nationaldemokraten insbesondere um die Gruppe der Jung- und Erstwählerschaft. Hierbei handelt es sich nicht zuletzt um eine Schlussfolgerung aus der sächsischen Landtagswahl 2004, bei der etwa ein Fünftel aller 18 bis 25jährigen NPD wählte und damit die Altersgruppe mit dem höchsten Wählerpotential darstellte.[23] Im ländlichen Raum wurde in großer Zahl die „Schulhof-CD" verteilt, auf der sich Interpretationen rechtsradikaler Liedermacher befanden. Zudem versendete die Wahlkampfleitung in Anklam an alle 18 bis 20jährigen ein zweiseitiges Erstwählerflugblatt, welches u.a. Forderungen nach „Ausbildungsplätzen für alle Deutschen" und mehr „Freizeiteinrichtungen" enthielt.[24]

Eine weitere von der NPD eklatant umworbene Klientel bildete die Gruppe der traditionellen Nichtwähler. Damit haben die Nationaldemokraten offensichtlich die „aggressive Apathie und Entfremdung als [mögliche] Spielarten des Nichtwählens"[25] interpretiert, sofern sich die Praxis der Stimmenthaltung wie bei Eike Hennig als „Rebellion" und „politische Entfremdung" deuten ließe. Um dieses latente Protestpotential zu mobilisieren, wurde nach dem Prinzip „Nichtwählen wird teuer" ein Szenario entworfen, nach dem „Wahlenthaltung kein Denkzettel, sondern Ermutigung" für die „Etablierten" sei, weitere Kürzungen in den sozialen Sicherungssystemen vorzunehmen.[26]

1.2 „Wir packen an": organisatorische und externe Strukturierung

Das auf dem Bundesparteitag der NPD 1998 in Stavenhagen verabschiedete "Drei-Säulen-Konzept" ist vorrangig den geringen organisatorischen Ressourcen der Partei und der sich daraus ergebenden Notwendigkeit, jugendliche Subkulturen zu mobilisieren, geschuldet.[27] Für die strategische Konzentration auf vier gleichrangige Zielebenen – den „Kampf um die Köpfe",

---

20 NPD-Landesverband M-V 2006a, S. 8
21 Udo Pastörs, zitiert nach: Niemann 2008, S. 33
22 Jaschke 1992, S. 1443, vgl. hierzu auch Pfahl-Traughber 2004, S. 122f.
23 Heinrich/Lehmann 2006, S. 71
24 NPD-Landesverband 2006b, S. 1
25 Hennig 1994, S. 368
26 NPD-Landesverband M-V 2006c, S. 1
27 Vgl. Stöss 2000, S. 123

„Kampf um die Straße", „Kampf um die Parlamente"[28] sowie den 2004 hinzugefügten „Kampf um den organisierten Willen"[29] - wird das bevölkerungsarme Flächenland Mecklenburg-Vorpommern gemeinhin als „Modellregion" betrachtet.[30]

1.2.1 „Kampf um die Köpfe": Aufbau, Mitgliederstruktur und Führungspersonen

Die „unter strukturellen Gesichtspunkten schwierige[n] Rahmenbedingungen"[31] von Klein- und Splitterparteien in Mecklenburg-Vorpommern (geringste Bevölkerungsdichte, Abwanderung, usw.) werden in den sehr geringen Mitgliederzahlen evident. Nach der enttäuschenden Bundestagswahl 1998, als der NPD-Landesverband über ca. 350 Mitglieder verfügte, fiel die Zahl – vermutlich infolge der (zur Ernüchterung des radikalen Flügels) unter dem Einfluss des Verbotsverfahrens 2001 bis 2003 verringerten Aktivitätsintensität – bis Sommer 2004 auf den zweitgeringsten Wert ihrer Geschichte.[32] Diese Regression konnte durch die erfolgreichen Kommunalwahlen im Jahr 2004, den fast gleichzeitigen Einzug der NPD in den sächsischen Landtag, durch das Scheitern des Verbotsverfahrens ein Jahr zuvor sowie die positiven Erwartungen an die Landtagswahl 2006 beendet und in ein Wachstum von 50% transformiert werden.[33] Hierin offenbart sich jedoch die Notwendigkeit nachhaltiger politischer Erfolge und eines hohen Aktionsgrades der Partei als Bedingungen zur Mobilisierung ihrer Basis und damit wiederum zur Realisierung erfolgreicher Wahlteilnahmen.

Bei der Segmentierung der Landespartei in ihre sechs Kreisverbände fällt auf, dass diese lediglich im Osten des Landes annähernd mit Anteilen an der Einwohnerzahl oder der aktuellen Verwaltungsstruktur Mecklenburg-Vorpommerns korrespondiert: allein drei Kreisverbände (Nordvorpommern, Ostvorpommern, Uecker-Randow) nehmen das Gebiet Vorpommern ein, wogegen das größte Gebiet – die Landkreise Bad Doberan, Güstrow und die freie Hansestadt Rostock – nur durch einen „Kreisverband Mitte" repräsentiert werden kann. Diese aufgrund divergenter kommunaler Mitgliederstrukturen ungleich starke regionale Verankerung weist bereits auf ein eindeutiges Verhältnis von Diaspora und „Hochburgen" hin.

Stefan Köster als Landesvorsitzender und Udo Pastörs als Spitzenkandidat zur Landtagswahl (und danach Vorsitzender der Schweriner Landtagsfraktion) sind die beiden führenden Repräsentanten des Landesverbandes. Da Köster sich bis Mai 2006 wegen mutmaßlicher Körperverletzung an einer

---

28 Grumke/Wagner 2002, S. 397
29 Stöss 2005, S. 145
30 Vgl. v.a. Pingel-Schliemann/Ohse 2007, S. 13, Brodkorb 2002, S. 73f. sowie Kleffner 2005, S. 153f.
31 Schoon/Saß/Saalfeld 2006, S. 116
32 Verfassungsschutz Mecklenburg-Vorpommern 2004, S. 48
33 2006 lag die Zahl bei etwa 300 Mitgliedern. Vgl. Verfassungsschutz M-V 2007, S. 63

linksautonomen Demonstrantin vor dem Amtsgericht Itzehoe verantworten musste, welches ihn zu einer Freiheitsstrafe von sechs Monaten auf Bewährung verurteilte, gilt es als wahrscheinlich, „dass Pastörs seine Spitzenkandidatur dem Ermittlungsverfahren gegen [...] Stefan Köster verdankt"[34], da dieser „aus der ersten Reihe abgezogen werden musste."[35] Die Tatsache, dass Köster das Verfahren gegen ihn im Wahlkampf als „politischen Prozess" geißelte, Landesvorstand und Parteibasis jedoch für eine Doppelspitze mit dem „unbeschriebenen Blatt" Udo Pastörs votierten[36], verdeutlicht das Bemühen der NPD, sowohl ihre „Anschlusshähig[keit] an die Gemütslage der bürgerlichen Mitte"[37] als auch an die der radikalen Kräfte zu wahren.

1.2.2 „Kampf um die Parlamente": Die Arbeit in den Kommunalparlamenten

Bei den Kommunalwahlen 2004 war es den Nationaldemokraten gelungen, mit insgesamt zehn Mandaten in sieben der acht Parlamente einzuziehen, für die sie angetreten waren. Die Wahlerfolge in den Landkreisen Ostvorpommern, Ludwigslust und in der Hansestadt Stralsund müssen in direktem Zusammenhang mit der Aufhebung der Fünf-Prozent-Hürde im Rahmen einer Novellierung der Kommunalverfassung durch die Landesregierung im Juni 2004 betrachtet werden. So konnte die NPD lediglich in zwei Gemeinden – Teldau im äußersten Westen und Anklam im Osten des Landes – einen Zweitstimmenanteil von über fünf Prozent verbuchen.[38]

Eine an sachpolitischen Themen orientierte Aktivitätsintensität wird bereits darin eingegrenzt, dass keiner der zehn NPD-Mandatsträger interfraktionelle Stimmen für Ausschusskandidaturen erhielt. Die Partei ist folglich gezwungen, ihre Interessen ausschließlich im Plenum zu unterbreiten.[39] Jedoch wird sämtlichen Abgeordneten – mit Ausnahme des Anklamer Juristen und Landtagsabgeordneten Michael Andrejewski – in Bezug auf Arbeitsaufwand und Redebeiträge eine „an Renitenz grenzende Passivität"[40] attestiert. Die „ausgesprochen voraussetzungsvoll[e] und aufwendig[e]"[41] Arbeit Andrejewskis in der Stadtvertretung der Kleinstadt Anklam sowie im Kreistag Ostvorpommerns dagegen legte den Grundstein für eine Ausrichtung der NPD-Strategie im Sinne einer „dreifachen Transmissionsfunktion"[42], wie Wagner die angestrebte Steigerung des Ansehens kommunaler Akteure als Voraussetzung kommunalpolitischer Erfolge und hoher Ergebnisse bei überregionalen Wahlen definiert. Dabei ist es das Anliegen der Partei, in ihrer

---

34 Buchstein 2006, S. 9
35 Heinrich/Lehmann 2006, S. 70: Stefan Köster trat auf Platz 4 der NPD-Landesliste an.
36 Buchstein 2006, S. 8 u. 17
37 Finger 2006
38 Vgl. Beier et al. 2006, S. 36 f.: In Anklam erzielte die NPD mit 8,0 Prozent ihr höchstes Ergebnis.
39 Ebd., S. 147
40 Ebd., S. 157
41 Ebd., S. 171
42 Wagner 1997, S. 43

Opposition gegenüber unpopulären Einsparungsmaßnahmen der Kreisverwaltung sowie einer verstärkten Akzentuierung wirtschafts- und sozialpolitisch relevanter Probleme in der Region Aufmerksamkeit zu erregen. So hatte die NDP im Sommer 2005 als einzige Fraktion bis zuletzt gegen die Privatisierung des Kreiskrankenhauses in Wolgast protestiert.[43] Diese Form von „engagierte[r] Sachkompetenz"[44] ist es, auf die die NPD zur Landtagswahl bezüglich ihrer vermeintlichen kommunalen Erfolge ausdrücklich hinwies.

1.2.3 "Kampf um die Straße": Öffentlichkeitswirksame Aktionen

Die NPD führte einen aufwendigen, stark aktionsorientierten Wahlkampf, der von circa 30 ehrenamtlich agierenden Hilfskräften aus dem Umfeld der sächsischen NPD-Fraktion organisatorisch begleitet wurde.[45] Holger Apfel, Vorsitzender der Fraktion im Dresdner Landtag, der auch das Wahlziel von „Sieben Prozent plus x" offiziell verkündete, wurde mit der Leitung der Wahlkampfzentrale in Anklam beauftragt.[46]

In Rostock fand am 1. Mai ein inoffizieller Wahlkampfauftakt in Form einer Großdemonstration in Kooperation mit der Bundesebene statt. Bei der offiziellen Wahlkampferöffnung in Lübtheen am 18. Juni wurde bereits ein systemfeindlicher Grundton angestimmt, wenn Udo Pastörs erklärte: „In zehn bis fünfzehn Jahren machen wir uns frei von diesem Gaunerstaat."[47] Da im urbanen Raum zuvor eher schlechte Wahlergebnisse erzielt wurden, steuerte die NPD gezielt „auf dem Land die Marktplätze an, um dort Infostände aufzubauen" und im Gegensatz zu den „Etablierten" mit einem „weniger pompösen und glamourösen Auftritt mehr Nähe zu schaffen."[48]

1.2.4 „Kampf um den organisierten Willen": Verhältnis zur freien Szene und zur DVU

Die seit dem Amtsantritt von Udo Voigt 1996 propagierte Kooperation mit freien Kameradschaften und Skinheads ist in Mecklenburg-Vorpommern sehr intensiv ausgeprägt. Im Vorfeld der Landeslistenaufstellung zur Landtagswahl am 5. Februar in Greifswald bewirkte der massive Eintritt vorwiegend junger Kameradschaftsanhänger eine Sicherung aussichtsreicher Plätze für die

---

43 Vgl. Beier et al. 2006, S. 55f.
44 NPD-Wahlkampfzeitung 'Es reicht' zur Landtagswahl 2006, zitiert nach: Ebd., S. 6
45 Vgl. Schoon/Werz 2007, S. 72 sowie Verfassungsschutz M-V 2007, S. 76: Insgesamt wurden ca. 45.000 Themenplakate, 15.000 Personenplakate und über 1,4 Mio. Flugblätter und Wahlzeitungen verteilt.
46 Heinrich/Lehmann 2006, S. 68
47 Niemann 2008, S. 33
48 Heinrich/Lehmann 2006, S. 69

einschlägig aus der Kameradschaftsszene bekannten Aktivisten Tino Müller und Birger Lüssow.[49]

Zum einen bietet das enge Verhältnis zur freien Szene die Gelegenheit, den eigenen Aktionsgrad durch neue personale Ressourcen zu intensivieren. Jedoch steht die NPD „vor dem Dilemma, dass sie nach außen den moderaten Schein wahren, aber nach innen möglichst radikal auftreten muss, um ihre neugewonnene Anhängerschaft nicht zu verlieren."[50]

Die Konkurrenz anderer rechtsextremer Parteien zur Landtagswahl musste die NPD im Wesentlichen nicht befürchten. Die Deutsche Volksunion (DVU) verzichtete u.a. aufgrund des im Juni 2004 zusammen mit der NPD im „Deutschlandpakt" konstituierten Versprechens, „sich gegenseitig nicht durch Parallelkandidaturen zu behindern"[51], auf eine eigene Landesliste und unterstützte die NPD. Auch die Republikaner traten nicht an. Die rechtspopulistische Offensive D dagegen verzeichnete aufgrund mangelhafter Kampagnenfähigkeit letztlich nur ein Ergebnis von 0,1 Prozent der Zweitstimmen.[52]

2. Der Wahlerfolg aus der Perspektive der Wählertypologie

Im Rahmen einer bis heute einflussreichen Wählertypologie hat Jürgen Falter 1994 ein „Interaktionsmodell"[53] entwickelt, welches davon ausgeht, „daß die Parteien der extremen Rechten in Deutschland nur dann gewählt werden, wenn Unzufriedenheit ('Protest') und rechte Einstellungen zusammenkommen."[54] Um das Ergebnis der NPD bei der Landtagswahl 2006 in Mecklenburg-Vorpommern aus der Sicht ihrer Wählerschaft einzuordnen, wird es nach Falter vor dem Hintergrund relativer Deprivation und sozialer Integration sowie rechtextremen Einstellungspotentials quantitativ zu analysieren sein.

2.1 Wahl aus Protest: Relative Deprivation und soziale Integration

In der Extremismusforschung ist man sich weitgehend einig darin, dass das Ausmaß relativer Deprivation – des „Zustand[es] der Enttäuschung und Unzufriedenheit, dessen Grund in einer Kluft zwischen dem [sozioökonomischen] Ist und dem Wunsch liegt"[55] – auf die Bereitschaft, eine

---

49 Buchstein 2006, S. 18: Tino Müller, Führungsfigur der Ueckermünder „Nationalgermanischen Bruderschaft" sowie des ostvorpommerschen Netzwerkes „Soziales und Nationales Bündnis Pommern", kandidierte auf Platz 2 der Landesliste. Birger Lüssow, einer der Initiatoren der „Aktionsgruppe Festungsstadt Rostock", wurde auf Platz 5 gewählt.
50 Ebd., S. 42
51 Vgl. hierzu Stöss 2005, S. 138f.
52 Statistisches Amt Mecklenburg-Vorpommern 2006a, S. 20
53 Vgl. Falter 1994, S. 143ff. sowie Arzheimer/Schoen/Falter 2001, S. 238
54 Arzheimer 2008, S. 108
55 Winkler 1996, S. 34

rechtsextreme Partei zu wählen, einen entscheidenden Einfluss hat. Ein wichtiger quantitativer Indikator zur Messung von Deprivation ist der Verlauf der Arbeitslosenquote in einer Region. Vergleicht man den Anteil der Arbeitslosen in Mecklenburg-Vorpommern an der Gesamtheit aller zivilen Erwerbspersonen im September 2002 (17,8%) mit den entsprechenden Daten im September 2006 (18,0%), so stellt man fest, dass die Zahlen weitgehend stagnieren. Am Tag der Wahl wies das Land die höchste Arbeitslosenquote der Bundesrepublik auf.[56]

Bei der Analyse der Stimmabgabe nach sozialen Kategorien mag es in Anbetracht dieser strukturellen ökonomischen Schwierigkeiten nicht überraschen, dass die NPD von der Gruppe der Arbeitslosen mit einem Anteil von 17 Prozent die größte Zustimmung erhielt. Zudem wählten 12 Prozent der Arbeiter in Mecklenburg-Vorpommern die Nationaldemokraten. Sozial saturierte Berufsstände wie Angestellte und Beamte (beide vier Prozent) zeigten sich ihrer Programmatik dagegen eher abgeneigt – ihr Anteil wurde bei der vorangegangenen Landtagswahl aber noch mit null Prozent beziffert. Zudem wählte jeder zehnte Selbstständige die NPD. Beides deutet auf eine wachsende, wenn auch vergleichsweise geringfügige Rekrutierung der NPD-Wählerschaft aus der bürgerlichen Mittelschicht hin.[57] Diese Tendenz lässt sich durch die von Scheuch/Klingemann 1967 geäußerte "Modernisierungsverlierer-Hypothese" erklären, die einen drohenden Verlust von Privilegien infolge sozioökonomischer Transformationsvorgänge als Motivation für eine Rechtswahl in allen Gesellschaftsschichten verorten.[58]

Die besondere Priorität der Jungwählerkampagne erwies sich als erfolgreich: die größte Altersgruppe der NPD-Anhängerschaft bildeten (wie schon zwei Jahre zuvor in Sachsen) die 18 bis 24jährigen. Von ihnen wählte ein überproportionaler Anteil von 17 Prozent die Partei.[59] Dagegen reduziert sich der Stimmenanteil in den höheren Altersgruppen kontinuierlich: ein Phänomen, welches u.a. in einer konsistenteren Sozialisation mit der antifaschistischen Ideologie der DDR und den Kriegs- und Aufbauerfahrungen der älteren Generation begründet liegt. Sowohl das junge Profil der Landesliste, die Anfälligkeit für wohlstandschauvinistische Parolen in Anbetracht mangelhafter Ausbildungschancen sowie der revolutionäre Duktus der NPD-Programmatik sind als wesentliche Gründe für den hohen Jungwähleranteil aufzuführen. Im Hinblick auf den Bildungsgrad der NPD-Wählerschaft lässt sich feststellen, dass dieser im Wesentlichen mit dem sozialen Typus korrespondiert: Bürger mit Hauptschulabschluss bilden mit einem Anteil von 8,1 Prozent die zweitgrößte Gruppe; dagegen stimmt jeder zehnte Bürger mit einem Schulabschluss

---

56 Bundesanstalt für Arbeit 2002, S. 31 und Bundesagentur für Arbeit 2006, S. 43
57 Infratest dimap 2006, S. 49
58 Vgl. Scheuch/Klingemann 1967, S. 11ff.
59 Infratest dimap 2006, S. 46

mittlerer Reife, aber nur jeder zwanzigste Abiturient für die NPD. Hochschulabsolventen bilden mit 2,3 Prozent die kleinste Gruppe.[60]

Eine Analyse der regionalen Stimmenverteilung belegt, dass die Partei dort die weitaus besten Ergebnisse erzielt, wo sie vergleichsweise intakte Organisationsstrukturen aufweisen kann. Das ist in Vorpommern der Fall, wo fast jeder zehnte Bürger (9,4 Prozent) die NPD wählte. In Mecklenburg liegt der Stimmenanteil von 6,8 Prozent dagegen sogar unter dem Landesdurchschnitt.[61] Wichtigste Ursache hierfür sind die enormen sozioökonomischen Defizite der östlichen Landesteile gegenüber dem Raum Mecklenburg, die sich u.a. im verfügbaren Einkommen der privaten Haushalte und in der Erwerbslosenquote manifestieren.[62] Ein eindeutiges Indiz für eine von "Protestmotiven" geleitete Wahlentscheidung ist die Tatsache, dass das NPD-Ergebnis „in Gemeinden mit sehr geringer Wahlbeteiligung [...] deutlich höher als in anderen Gebieten aus[fiel]."[63]

Interessant ist die Beobachtung, dass die Integration in Gewerkschaften oder Konfessionen als klassische intermediäre Institutionen sozialmoralischer Milieus nur in geringfügiger Weise einen hemmenden Einfluss auf die Wahl der NPD ausübt.[64] Da der Mitgliederanteil der Gewerkschaften in Mecklenburg-Vorpommern bei unter 14 Prozent liegt und die Kirchenbindung infolge der Säkulariserungspolitik des DDR-Regimes ohnehin gering ausfällt, korrespondiert sie aber mit der These Dülmers und Ohrs, dass nur Bevölkerungsteile „in Regionen, in denen Gewerkschaften traditionell stark sind, [...] als weniger anfällig für rechtsextreme Parteien"[65] einzustufen seien. Auch die Beobachtung Lilligs, dass sich in den Neuen Bundesländern „feste Parteibindungen [...] bisher nur unwesentlich herausbilden" konnten, Wahlentscheidungen daher „eher situativ" getroffen würden, begünstigt die Wahl kleinerer, insbesondere rechtsextremer Parteien, aus Unzufriedenheit.[66]

2.2 Wahl aus Überzeugung: Rechtextremes Einstellungspotential

Die überwiegende Mehrheit der NPD-Wähler (63 Prozent) gab an, aus inhaltlichen Abwägungen eine Wahlentscheidung getroffen zu haben; der Anteil derjenigen, die aus Motiven einer langfristigen Parteibindung (8 Prozent) oder besonderer Sympathien für den Spitzenkandidaten (15

---

60 Heinrich/Lehmann 2006, S. 75
61 Vgl. Schoon/Werz 2007, S. 76
62 Vgl. Statistisches Amt Mecklenburg-Vorpommern 2006b und c
63 Schoon/Werz 2007, S. 77
64 Vgl. Infratest dimap 2006, S. 49: Danach haben 6 Prozent aller gewerkschatlich organisierten und 8 Prozent der gewerkschaftslosen Arbeitnehmer NPD gewählt. Zudem haben 5 Prozent aller Protestanten, 6 Prozent aller Katholiken und 8 Prozent der Konfessionslosen ihre Stimme der NPD gegeben.
65 Dülmer/Ohr 2008, S. 509
66 Lillig 1994, S. 156; vgl. auch Pfahl-Traughber 2006

Prozent) votierten, ist dagegen eher gering.[67] Dies lässt darauf schließen, dass fast zwei Drittel ihrer Wählerklientel zumindest ansatzweise rechtsextremen Ideologemen anhängen, die in einem Analogieverhältnis zur Programmatik der NPD stehen.

In einer von Decker und Brähler 2008 durchgeführten Studie wurden Eiwohner aller Bundesländer nach den für die Definition des Phänomens Rechtsextremismus charakteristischen Einstellungsmustern befragt, wobei die Items „Befürwortung einer Diktatur", „Sozialdarwinismus" und „Verharmlosung des Nationalsozialismus" die höchste und das Item „Ausländerfeindlichkeit" die vierthöchste Zustimmung von den in Mecklenburg-Vorpommern lebenden Kohorten erhielten. Dass „Ausländerfeindlichkeit" mit einem Anteil von 32,2 Prozent, die Zustimmung sozialdarwinistischer Aussagen mit 14,3 Prozent beziffert wird[68], ist umso erstaunlicher, als der Anteil der ausländischen an der Gesamtbevölkerung mit 1,8 Prozent relativ gering ausfällt.[69] Dieses Phänomen lässt sich mit der Theorie realistischer Gruppenkonflikte erklären, die besagt, dass Mitglieder einer (zumeist ethnisch definierten) Gruppe, die zusammen mit anderen Gruppen um knappe Ressourcen konkurrieren, der jeweils fremden (Minderheiten-)Gruppe, der *outgroup*, gegenüber feindliche Einstellungen entwickeln.[70] Da die Ressource „sozialversicherungspflichtige Arbeitsplätze" tatsächlich für rund ein Fünftel der Bevölkerung nicht zur Verfügung steht, darf angenommen werden, dass dies auf den Grad der Feindseligkeit gegenüber „Ausländern" stimulierend wirkt. Dieser Stimulus wird durch die wohlstandschauvinistischen Forderungen der NPD - „Ausländerstopp: hier und jetzt![71] - in abstrakte Politikangebote implementiert.

Fazit

Bilanzierend lässt sich feststellen, dass die im Vorfeld der Landtagswahl von der NPD unternommenen Anstrengungen den Organisationskriterien nach Stöss weitgehend gerecht werden. Es ist der Partei gelungen, im Osten und äußersten Westen des Landes regionale Hochburgen zu erschließen, über ihre Präsenz in den Kommunalparlamenten langfristig den Bekanntheitsgrad ihrer Akteure zu erhöhen und somit ihr sozialpolitisches Profil institutionell zu schärfen, was der Partei – zumindest in Bezug auf die kommunalen Akteure im Raum Ostvorpommern – ein gewisses Maß an *Kompetenz und Glaubwürdigkeit* verlieh. Der erhebliche Mitgliederzuwachs und vorübergehende „Burgfrieden" im „Konflikt zwischen Parteifunktionären, die auf den

---

67 Vgl. Infratest dimap 2006, S. 42
68 Brähler/Decker 2008, S. 46ff.
69 Statistisches Amt Mecklenburg-Vorpommern 2008, S. 5
70 Vgl. Dülmer/Ohr 2008, S. 495
71 NPD-Landesverband M-V 2006a, S. 11

Zusammenhalt der NPD und ihr langsames Hineinwachsen in die Mehrheitsgesellschaft bedacht sind und den Verfechtern eines aktivistischen und agressiven Autonomiekonzeptes"[72] aus der freien Szene haben die innere Parteiräson nachhaltig gestärkt, um ein *geschlossenes Agieren* in der Öffentlichkeit zu gewährleisten. Zudem gelang es der NPD, die überwiegend negative Berichterstattung öffentlicher Medien mit einem aufwendig geführten, flächendeckenden Materialwahlkampf zu unterlaufen, um so eine eigenständige *Medienpräsenz* herzustellen. Infolge der eher inhaltlich ausgerichteten Kampagne war die Etablierung *populärer Führungspersonen* von geringer Bedeutung, wenngleich der Spitzenkandidat mit seinem aggressiven Auftreten durchaus Aufmerksamkeit erregte.

Das thematisch breit angelegte Aktionsprogramm warb für eine radikale Abwehrhaltung gegen die sozial- und immigrationspolitische Regierungspraxis auf Bundes- und Länderebene und somit für *programmatische Alternativen*. Zusätzlich begünstigten konstellationsbedingte Prämissen, die sich aus der Einbindung der Linkspartei.PDS als der anderen „Anti-HartzIV-Partei" in die Exekutive (und dem daraus resultierenden Zwang, einen weniger radikalen Ton anzustimmen) sowie aus der fehlenden Konkurrenz innerhalb des rechtsextremen Lagers ergaben, die Absorption latenten Protestpotentials durch die NPD.

Damit waren die wesentlichen Voraussetzungen geschaffen, um sowohl gering Qualifizierte und sozial benachteiligte Gruppen (Erwerbslose, Arbeiter, usw.) als auch – wenngleich geringfügiger – beachtliche Teile der bürgerlichen Mittelschicht (Akademiker, Beamte, Selbstständige) relativ unabhängig von der Integration in intermediäre Institutionen zu mobilisieren. Hierbei gilt es zu konstatieren, dass eine Wahlmotivation nicht so sehr in der konzeptionellen als vielmehr im imperativen Charakter der NPD-Programmatik begründet liegen dürfte, da diese „von der Hälfte der potentiellen Wähler nicht als Problemlöser, sondern vielmehr als Problemnenner"[73] wahrgenommen wird. Damit ist die NPD in ihrem Charakter als selbsternannte „Fundamentalopposition"[74] insbesondere für Nicht- und Wechselwähler attraktiv; eine Stammwählerschaft ist dagegen nur marginal ausgeprägt. Andererseits konnte die NPD nachweislich vom massiv vorhandenen sozialdarwinistisch-ausländerfeindlichen und revisionistischen Einstellungspotential der Bevölkerung profitieren. Da rechtsextreme Ideologieansätze in Mecklenburg-Vorpommern nicht nur ein Randphänomen, sondern „ein politisches Problem in der Mitte der Gesellschaft"[75] darstellen, besteht für Rechtswähler aus allen

---

72 Beier et al. 2006, S. 173
73 Heinrich/Lehmann 2006, S. 68
74 Langer/Lehmann 2008, S. 63
75 Brähler/Decker 2008, S. 6

Lagern eine „geringe Hemmschwelle [...] durch entsprechende politische Sympathien"[76], weshalb die NPD aus einer Gesamtzahl von 60.000 Zweitstimmen allein 12.000 ehemalige CDU-, 7.000 SPD- und 4.000 Wähler der „antifaschistischen" Linkspartei.PDS rekrutieren konnte.[77]

Mit dem Vorhandensein beider Faktoren, eines „rechtsextremen Gedankengebäudes"[78] ebenso wie einer Ebene latenten Protestpotentials, kann die Wählertypologie der NPD die wesentlichen Anforderungen des Falterschen Interaktionsmodells erfüllen. In Anbetracht des äußerst wechselhaften Wahlverhaltens ihrer Klientel wird es der Partei jedoch schwerfallen, diese bei den Kommunalwahlen im Juni 2009 erneut in ähnlichem Ausmaß zu mobilisieren.

---

76 Pfahl-Traughber 2006
77 Ebd.
78 Arzheimer/Schoen/Falter 2001, S. 238

Literatur- und Quellenverzeichnis

Monografien

Arzheimer, Kai (2008): Die Wähler der extremen Rechten 1980 – 2002. Opladen.

Backes, Uwe/Jesse, Eckhard (Hrsg.) (1996): Politischer Extremismus in der Bundesrepublik Deutschland. Bonn.

Barkow, Benjamin (2007): Die Berichterstattung über die NPD in der regionalen Presse Mecklenburg-Vorpommerns. Greifswald.

Beier, Katharina u.a (Hrsg.) (2006): Die NPD in den kommunalen Parlamenten Mecklenburg-Vorpommerns. Greifswald.

Brähler, Elmar/Decker, Oliver (2008): Bewegung in der Mitte – Rechtsextreme Einstellungen in Deutschland 2008 mit einem Vergleich von 2002 bis 2008 und der Bundesländer. Berlin.

Brodkorb, Mathias/Schmidt, Thomas (Hrsg.) (2002): Gibt es einen modernen Rechtsextremismus? Das Fallbeispiel Mecklenburg-Vorpommern. Rostock.

Buchstein, Hubertus (2006): Die Kandidaten der NPD für die Landtagswahl 2006 in Mecklenburg-Vorpommern. Greifswald.

Falter, Jürgen W. (1994): Wer wählt rechts? Die Wähler und Anhänger rechtsextremistischer Parteien im vereinigten Deutschland. München.

Fischer, Benjamin (2006): Ueckermünde – Ein Refugium des Rechtsextremismus? Greifswald.

Grumke, Thomas/Wagner, Bernd (Hrsg.) (2002): Handbuch Rechtsradikalismus. Personen – Organisationen – Netzwerke vom Neonazismus bis in die Mitte der Gesellschaft. Opladen.

Hoffmann, Uwe (1999): Die NPD. Entwicklung, Ideologie und Struktur. Frankfurt am Main.

Lillig, Thomas (1994): Rechtsextremismus in den neuen Bundesländern: Erklärungsansätze, Einstellungspotentiale und organisatorische Strukturen. Mainz.

Neureiter, Marcus (1996): Rechtsextremismus im vereinten Deutschland: eine Untersuchung sozialwissenschaftlicher Deutungsmuster und Erklärungsansätze. Marburg.

Niemann, Laura (2008): Die NPD im Landtag von Mecklenburg-Vorpommern. Ihre Parlamentsarbeit im ersten Jahr. Greifswald.

Schoon, Steffen/ Saß, Britta/Saalfeld, Johannes (2006): Kein Land(tag) in Sicht? - Bündnis 90/Die Grünen in Mecklenburg-Vorpommern. München.

Staud, Toralf (2005): Moderne Nazis – Die neuen Rechten und der Aufstieg der NPD. Köln.

Stöss, Richard (2005): Rechtsextremismus im Wandel. Berlin.

Wagner, Peter M. (1997): NPD-Hochburgen in Baden-Württemberg. Erklärungsfaktoren für die

Wahlerfolge einer rechtsextremistischen Partei in ländlichen Regionen 1972 – 1994. Berlin.

Aufsätze in Sammelbänden

Arzheimer, Kai/Schoen, Harald/Falter, Jürgen W. (2000): Rechtsextreme Orientierungen und Wahlverhalten, in: *Schubarth, Wilfried/Stöss, Richard* (Hrsg.): Rechtsextremismus in der Bundesrepublik Deutschland: eine Bilanz. Bonn: Bundeszentrale für Politische Bildung, S. 220 – 245.

Arzheimer, Kai (2004): Wahlen und Rechtsextremismus, in: *Bundesministerium des Innern* (Hrsg.): Extremismus in Deutschland. Erscheinungsformen und aktuelle Bestandsaufnahme. Berlin, S. 56 – 81.

Arzheimer, Kai (2005): Die Wahl extremistischer Parteien, in: *Falter, Jürgen W.; Schoen, Harald:* Handbuch Wahlforschung. Wiesbaden, S. 389 – 421.

Brodkorb, Mathias (2008): Die Globalisierung als Angriff auf die Volksgemeinschaft. Über Postmoderne, Ethnopluralismus und die NPD in einer globalisierten Weltwirtschaft, in: *SPD-Landtagsfraktion Mecklenburg-Vorpommern* (Hrsg.): Provokation als Prinzip – Die NPD im Landtag von Mecklenburg-Vorpommern. Schwerin, S. 155 – 195.

Franke, Siegfried F. (1996): Ein ökonomisches Modell zur Erklärung der Wahlerfolge rechtsextremer Parteien, in: *Falter, Jürgen W./Jaschke, Hans-Gerd/Winkler, Jürgen R.* (Hrsg.), Rechtsextremismus. Ergebnisse und Perspektiven der Forschung. Politische Vierteljahresschrift. Sonderheft 27. Opladen, S. 81 – 95.

Heinrich, Gudrun/Lehmann, Arne (2006): Zwischen Provokation und Systemfeindschaft – Die NPD, in: *Schoon, Steffen/Werz, Nikolaus* (Hrsg.): Die Landtagswahl in Mecklenburg-Vorpommern 2006 – Die Parteien im Wahlkampf und ihre Wähler. Rostocker Informationen zu Politik und Verwaltung, Nr. 27. Rostock, S. 67-77.

Hennig, Eike (1994): Politische Unzufriedenheit – ein Resonanzboden für Rechtsextremismus?, in: *Kowalsky, Wolfgang/Schröder, Wolfgang* (Hrsg.): Rechtsextremismus. Einführung und Forschungsbilanz. Opladen, S. 339 – 382.

Kleffner, Heike (2005): Mittendrin – Der Kameradschaftsbund Anklam, in: *Röpke, Andrea/Speit, Andreas* (Hrsg.): Braune Kameradschaften. Die militanten Neonazis im Schatten der NPD. Berlin, S. 144 – 159.

Langer, Kai/Lehmann, Arne (2008): 18 Monate Populismus und Provokation. Eine Zwischenbilanz der Parlamentsarbeit der NPD in Mecklenburg-Vorpommern, in: *SPD-Landtagsfraktion*

Mecklenburg-Vorpommern (Hrsg.): Provokation als Prinzip – Die NPD im Landtag von Mecklenburg-Vorpommern. Schwerin, S. 63 – 95.

Pfahl-Traughber, Armin (2004): Droht die Herausbildung einer Antiglobalisierungsbewegung von rechtsextremistischer Seite? Globalisierung als Agitationsthema des organisierten Rechtsextremismus, in: *Bundesministerium des Innern* (Hrsg.): Extremismus in Deutschland. Erscheinungsformen und aktuelle Bestandsaufnahme. Berlin, S. 98 – 135.

Pingel-Schliemann, Sandra/Ohse, Karl-Georg (2007): Erntefest. Der Wahlerfolg der NPD in Mecklenburg-Vorpommern, in: *Regionale Arbeitsstellen für Jugendhilfe, Schule und interkulturelle Arbeit (RAA) Mecklenburg-Vorpommern e.V.* (Hrsg.): Rechts oben. Vorpommern als Modellregion der extremen Rechten. Neubrandenburg, S. 11 – 15.

Schoon, Steffen (2006): Wählerverhalten und Strukturmuster des Parteiwettbewerbs in Mecklenburg-Vorpommern nach der Landtagswahl 2006, in: *Schoon, Steffen/Werz, Nikolaus* (Hrsg.): Die Landtagswahl in Mecklenburg-Vorpommern 2006 – Die Parteien im Wahlkampf und ihre Wähler. Rostocker Informationen zu Politik und Verwaltung, Nr. 27. Rostock, S. 9 – 20.

Stöss, Richard (2000): Ideologie und Strategie des Rechtsextremismus, in: *Schubarth, Wilfried/ Stöss, Richard* (Hrsg.): Rechtsextremismus in der Bundesrepublik Deutschland: eine Bilanz. Bonn, S. 101 – 130.

Stöss, Richard (2004): Globalisierung und rechtsextreme Einstellungen, in: *Bundesministerium des Innern* (Hrsg.): Extremismus in Deutschland. Erscheinungsformen und aktuelle Bestandsaufnahme. Berlin, S. 82 – 97.

Winkler, Jürgen R. (1996): Bausteine einer allgemeinen Theorie des Rechtsextremismus. Zur Stellung und Integration von Persönlichkeits- und Umweltfaktoren, in: *Falter, Jürgen W./Jaschke, Hans-Gerd/Winkler, Jürgen R.* (Hrsg.), Rechtsextremismus. Ergebnisse und Perspektiven der Forschung. Politische Vierteljahresschrift. Sonderheft 27. Opladen: Westdeutscher Verlag, S. 25 – 48.

Aufsätze in Fachzeitschriften

Dülmer, Hermann/Ohr, Dieter (2008): Rechtsextremistische Wahlabsicht und regionaler Kontext: Mehrebenenanalysen zur Rolle sozialer Milieus und regionaler Gruppenkonflikte in Deutschland, in: Politische Vierteljahresschrift, 49 (2008) 3, S. 491 – 517.

Jaschke, Hans-Gerd (1992): Formiert sich eine neue soziale Bewegung von rechts? Folgen der Ethnisierung sozialer Konflikte, in: Blätter für deutsche und internationale Politik. 37 (1992) 12, S. 1437 – 1447.

Mudde, Cas (2008): Radikale Parteien in Europa, in: Aus Politik und Zeitgeschichte, 47 (2008), S. 12 – 19.

Scheuch, Erwin/Klingemann, Hans D. (1967): Theorie des Rechtsradikalismus in westlichen Industriegesellschaften, in: Hamburger Jahrbuch für Wirtschafts- und Gesellschaftspolitik 12, S. 11 – 19.

Schoon, Steffen/Werz, Nikolaus (2007): Die mecklenburg-vorpommersche Landtagswahl vom 17. September 2006: Ein halber Regierungswechsel und das Ende des Drei-Parteiensystems, in: Zeitschrift für Parlamentsfragen, 38 (2007) 1, S. 67 – 83.

Berichte und Statistiken

Infratest dimap (2006): Wahlreport. Landtagswahl in Mecklenburg-Vorpommern 17. September 2006. Berlin.

Statistisches Amt Mecklenburg-Vorpommern (Hrsg.) (2002): Wahlen 2002. Wahl zum Landtag von Mecklenburg-Vorpommern am 22. September 2002 – endgültiges Ergebnis. Schwerin.

Statistisches Amt Mecklenburg-Vorpommern (Hrsg.) (2006a): Wahlen 2006. Wahl zum Landtag von Mecklenburg-Vorpommern am 17. September 2006 – endgültiges Ergebnis. Schwerin.

Statistisches Amt Mecklenburg-Vorpommern (Hrsg.) (2008): Ausländische Bevölkerung in Mecklenburg-Vorpommern (Ausländerzentralregister) 2007, in: Statistische Berichte – Bevölkerungsstand. Schwerin.

Verfassungsschutz Mecklenburg-Vorpommern (Hrsg.) (2005): Verfassungsschutzbericht 2004. Schwerin.

Verfassungsschutz Mecklenburg-Vorpommern (Hrsg.) (2007): Verfassungsschutzbericht 2006. Schwerin.

Verfassungsschutz Mecklenburg-Vorpommern (Hrsg.) (2008): Verfassungsschutzbericht 2007. Schwerin.

Zeitungsquellen

Finger, Evelyn (2006): Rechts, wo die Mitte ist, in: Die Zeit, Nr. 39, S. 7.

Geisler, Astrid (2006): "Die NPD handelt hochgradig professionell", in: die tageszeitung, 12.09. S. 3.

Hansen, Anne (2006): Gewalt ist auch eine Strategie, in: Die Zeit, Nr. 38, S. 10.

Internetquellen

Bundesagentur für Arbeit (Hrsg.) (2006): Der Arbeitsmarkt in Deutschland. Monatsbericht –

September 2006. URL: http://www.pub.arbeitsagentur.de/hst/services/statistik/000100/html/monat/ 200609.pdf – Download vom 24.02.2009.

Bundesanstalt für Arbeit (Hrsg.) (2002): Die Entwicklung des Arbeitsmarktes im September 2002. URL: http://www.pub.arbeitsagentur.de/hst/services/statistik/000100/html/monat/200209.pdf – Download vom 24.02.2009.

Gillmann, Barbara (2006): Wahlforscher warnen vor Verharmlosung: "NPD-Wähler zunehmend Überzeugungstäter", URL: http://www.handelsblatt.com/politik/deutschland/npd-waehler-zunehmend-ueberzeugungstaeter;1137750 – Download vom 24.02.2009.

NPD-Bundesvorstand (Hrsg.) (2004): Parteiprogramm. URL: http://partei.npd.de/medien/pdf/ Parteiprogramm.pdf – Download vom 24.02.2009.

NPD-Landesverband M-V (Hrsg.) (2006a): Aktionsprogramm zur Landtagswahl 2006. URL: http://npd-mv.de/medien/bilder/ltw06_20060727_aktionsprogramm.pdf – Download vom 24.02.2009.

NPD-Landesverband M-V (Hrsg.) (2006b): Erstwählerflugblatt. URL: http://npd-mv.de/medien/bilder/fb_20060907_erstwaehler.pdf – Download vom 24.02.2009.

NPD-Landesverband M-V (Hrsg.) (2006c): Flublatt "Nichtwählen wird teuer". URL: http://npd-mv.de/medien/bilder/fb_20060727_nichtwaehlen.pdf – Download vom 24.02.2009.

NPD-Landesverband M-V (Hrsg.) (2006d): Wahlkampfplakat "Touristen willkommen". URL: http://npd-mv.de/medien/bilder/pl_20060727_touristen.pdf – Download vom 24.02.2009.

NPD-Landesverband M-V (Hrsg.) (2006e): Wahlkampfplakat "Es reicht!", URL: http://npd-mv.de/medien/bilder/pl_20060727_esreicht.pdf – Download vom 24.02.2009.

Pfahl-Traughber, Armin (2006): Wer wählt rechtsextremistisch? NPD-Wähler und Ursachen für den Wahlerfolg bei der Landtagswahl in Mecklenburg-Vorpommern 2006. URL: http://www.bpb.de/themen/ZMQY7O,0,Wer_w%E4hlt_rechtsextremistisch.html – Download vom 24.02.2009.

Statistisches Amt Mecklenburg-Vorpommern (2006b): Verfügbares Einkommen der privaten Haushalte. URL: http://www.mvnet.de/inmv/land-mv/stala/sis/tabelle.php?&id=3430 – Download vom 24.02.2009.

Statistisches Amt Mecklenburg-Vorpommern (2006c): Arbeitslose und Arbeitslosenquote im Jahresdurchschnitt. URL: http://www.mvnet.de/inmv/land-mv/stala/sis/tabelle.php?&id=2677 – Download vom 24.02.2009.